주님의 평강이

함께 하시길 기도하며

———————————님께

이 소중한 책을 드립니다.

염려하지 마십시오

엮은이 ㅣ 편집부
발행인 ㅣ 김용호
발행처 ㅣ 나침반출판사

제1판발행 ㅣ 2009년 1월 15일

등 록 ㅣ 1980년 3월 18일 / 제 2-32호
주 소 ㅣ 110-616 서울 광화문 사서함 1641호
전 화 ㅣ 본 사 (02)2279-6321~3
　　　　영업부 (031)932-3205
팩 스 ㅣ 본 사 (02)2275-6003
　　　　영업부 (031)932-3207

홈페이지 ㅣ www.nabook.net
이 메 일 ㅣ nabook@korea.com
　　　　　nabook@nabook.net

ISBN 978-89-318-1391-3
책번호 마-1032

값은 뒷표지에 있습니다.

염려하지
마십시오

나침반

염려하지 마십시오

그러므로 내가 너희에게 이르노니 목숨을 위하여 무엇을 먹을까 무엇을 마실까 몸을 위하여 무엇을 입을까 염려하지 말라 목숨이 음식보다 중하지 아니하며 몸이 의복보다 중하지 아니하냐 공중의 새를 보라 심지도 않고 거두지도 않고 창고에 모아들이지도 아니하되 너희 하늘 아버지께서 기르시나니 너희는 이것들보다 귀하지 아니하냐 너희 중에 누가 염려함으로 그 키를 한 자라도 더할 수 있겠느냐 또 너희가 어찌 의복을 위하여 염려하느냐 들의 백합화가 어떻게 자라는가 생각하여 보라 수고도 아니하고 길쌈도 아니하느니라 그러나 내가 너희에게 말하노니 솔로몬의 모든 영광으로도 입은 것이 이 꽃 하나만 같지 못하였느니라 오늘 있다가 내일 아궁이에 던져지는 들풀도 하나님이 이렇게 입히시거든 하물며 너희일까보냐 믿음이 작은 자들아 그러므로 염려하여 이르기를 무엇을 먹을까 무엇을 마실까 무엇을 입을까 하지 말라 이는 다 이방인들이 구하는 것이라 너희 하늘 아버지께서 이 모든 것이 너희에게 있어야 할 줄을 아시느니라 그런즉 너희는 먼저 그의 나라와 그의 의를 구하라 그리하면 이 모든 것을 너희에게 더하시리라 그러므로 내일 일을 위하여 염려하지 말라 내일 일은 내일이 염려할 것이요 한 날의 괴로움은 그 날로 족하니라 (마태복음 6:25~34)

현대의 시인인 W.H. 오우든은 우리가 살고 있는 이 시대를 가리켜서 "불안의 시대" 혹은 "염려의 시대"라고 말했습니다.

사실 문명의 발달은 오늘을 살고 있는 현대인들에게 많은 편의를 제공해 주었습니다.

그러나 이 편리함이 우리에게 더 많은 근심 거리를 준 것도 사실입니다.

얼마 전에 미국의 십대들이 무엇을 가장 많이 걱정하며 살고 있는지에 대해 조사했습니다.

그 통계를 보면, 십대들이 제일 많이 걱정하

고 있는 것은 "핵전쟁"이라고 합니다.

흥미로운 것은 염려하는 문제보다도 '그 문제에 대한 염려'가 오늘의 현대인들을 정신적으로 육체적으로 파괴합니다.

염려를 염려해야 하는 시대 속에 우리는 살고 있습니다.

염려를 전문적으로 해결해 줄 전문적인 해결사를 요청해야 하는 시대 속에 살고 있습니다.

그래서 현대의 인기있는 직종으로 등장하는 것이 카운셀러입니다.

어느 회사에서 직원들의 정신적 염려를 덜어
주기 위한 카운셀러 한 명을 채용하기로 했습
니다.

한 카운셀러 지원자가 면접을 보게 되었습
니다.

회사 간부가 그에게 질문할 사항이 있느냐고
물었더니, 그가 묻기 시작했습니다.

"연봉은 얼마나 주시겠습니까?"

"회사의 직원들은 어떤 문제를 주로 염려하
고 있습니까?"

"왜 염려하고 있습니까?"

"무엇 때문에요?"

끊임없이 질문을 해대는 카운셀러 지원자를 한참 쳐다보던 회사 간부가 이렇게 이야기합니다.

「당신은 너무 걱정이 많군요?」

1.염려의 본질은 무엇일까요?

예수님은 염려의 본질을 두 가지로 규정합니다.

"염려란 비생산적인 것이며, 그리고 비신앙

적인 것이다."

1)염려는 비생산적입니다

"너희 중에 누가 염려함으로 그 키를 한 자나 더
할 수 있느냐"(27절)

염려한다고 키가 자라는 것도 아닌데 전혀
생산성이 없는 염려 속에 빠져 있는 사람들의
처량한 모습을 주께서 바라보셨습니다.
특별히 그 당시 유대인들에게는 커다란 열등
감 하나가 있었습니다.

그것은 그들의 나라의 생존을 위협하고 있

는 로마인들보다 키가 더 작다는 열등감이었

습니다.

예수님께서는 이런 문제로 부질없는 걱정을

계속하는 사람들에게 이런 해학적인 메시지를

통해서 염려의 비생산성을 지적하셨습니다.

그 당시에 유대의 지혜문학서에 보면 이 문

제를 해결하기 위한 여러 가지 번뜩이는 지혜

들을 찾아볼 수 있습니다.

탈무드와 비슷한 유형의 지혜문학서의 한 단

편에는 이러한 메시지가 기록되고 있습니다,

"어쩔 수 없는 것을 염려하는 것은 소용없는 일이다. 그러나 어쩔 수 있는 것을 염려하는 것은 어리석은 일이다."

어쩔 수 없다면 염려해서 어떻게 하겠습니까?

그것은 소용없는 일입니다.

그러나 어쩔 수 있다면 어쩔 수 있는 대로 그것을 다루기 위한 행동을 시작하면 되지 염려

할 필요가 없는 것입니다.

어쩔 수 없는 것을 염려하는 것은 필요한 일이지만, 어쩔 수 있는 것을 염려하는 것은 어리석은 일입니다.

염려란 하나의 사건에 대한 반응일 따름이지 그 사건을 해결하기 위한 구체적인 행동은 아닙니다.

긍정적 행동으로 인도하지 못하는 염려는 모두 우리의 생존을 위협하는 파괴적인 힘이 될 수 있다는 사실을 기억하여야 합니다.

한 설교가가 염려를 가리켜서 이런 말을 했습니다.

"염려란 마치 흔들의자와 같은 것이다."

흔들 의자에 앉아서 아무리 흔들어도 여전히. 제자리에 그대로 있을 뿐입니다.

아무리 염려해도 한 발자국도 앞으로 나가지 못합니다.

늘상 그 자리에 있을 뿐입니다.

그럼에도 불구하고 그 염려 속에 몰두하여 계속 염려하고 또 염려하는 우리들의 자화상을 봅니다.

해결할 수 있다면 염려하십시오.

그러나 해결할 수 없다면 왜 염려하십니까?

여기에 염려의 비생산성이 있습니다.

어떤 번역본은 이 구절을 이렇게 번역하기도 했습니다.

"너희는 이것들보다 귀하지 아니하냐 너희 중에 누가 염려함으로 생명을 한 치나 더 연장할 수가 있다는 말이냐."

2)염려는 비신앙적입니다

염려는 비생산적일 뿐 아니라 한걸음 더 나아가서 비신앙적입니다.

"그러므로 염려하여 이르기를 무엇을 먹을까 무엇을 마실까 무엇을 입을까 하지 말라 이는 다 이방인들이 구하는 것이라 너희 하늘 아버지께서 이 모든 것이 너희에게 있어야 할 줄을 아시느니라"(31,32절)

염려는 다 이방인의 삶의 방법이라고 이야기 합니다.

하나님 없이 살고 있는 사람들, 예수없이, 영

생의 소망없이, 내일에 대한 소망없이 오늘에

몰두하고 있는 현대인의 삶의 모습, 이는 불신

자들의 삶의 모습입니다.

그런데 당신은 왜 염려하십니까?

염려하고 있는 사람들의 의식의 밑바탕에는

불신앙이 흐르고 있습니다.

하나님을 믿지 못하기 때문에 염려합니다.

이 우주를 창조하신 하나님께서 나를 창조하시고, 내 삶에 대한 계획을 가지시고, 나를 돌보시며, 나에게 관심을 갖고 계시며, 내 삶 속에 들어오시기를 원하시며, 내 삶을 다스리기를 원하신다는 구체적인 신앙 고백을 할 수 있다면, 왜 염려하십니까?

염려란 변화시킬 수 없는 상황에 대한 반응입니다.

그러나 믿음은 상황을 변화시킬 수 있는 하나님을 향한, 하나님 앞에서의 행동입니다.

당신에게 염려거리가 찾아올 때 그것을 어떻

게 다루십니까?

　그 순간이 내 신앙의 진면목을 과시하는 순

간입니다.

　불신자처럼 여전히 염려하십니까?

　그렇다면 당신과 그리고 하나님 없이 살고 있

는 사람들의 삶과 본질적인 차이가 없습니다.

　당신은 왜 불신자처럼 삶을 살고 있습니까?

　한평생을 하나님을 신뢰하는 믿음으로 살아

가고 그 믿음으로 인생의 모든 문제를 해결하

여 신앙의 기적과 위대한 발자취를 남겼던, 영

국의 위대한 기도의 성자인 조지 뮬러는 이렇

게 말했습니다.

　"염려의 시작은 신앙의 끝이다. 그러나 신앙

의 시작은 염려의 끝이다."

바로 여기에 염려의 비신앙성이 있습니다.

그러면 많은 사람들이 이렇게 물을 것입니다.

그러면 어떻게 염려를 극복할 수 있습니까?

2. 염려를 극복할 수 있는 처방책은 무엇일까요?

염려를 어떻게 해결할 수 있습니까?

예수께서는 세 가지의 처방을 말씀하였습니다.

1) 하나님의 주권을 신뢰하라

"공중의 새를 보라 심지도 않고 거두지도 않고 창고에 모아들이지도 아니하되 너희 하늘아버지께서 기르시나니 너희는 이것들보다 귀하지 아니하냐"(26절)

하늘을 나는 공중의 새들의 운명을 책임지고 계시는 하나님이 당신의 삶도 책임지고 계시다는 사실을 믿으십시오.

당신은 참으로 당신의 삶에 대한 하나님의 주권을 신뢰하십니까?

공중의 나는 새를 자세히 관찰해 보십시오.

그들은 먹이 찾기에 열중하고 있습니다.

들의 백합화를 보십시오.

뿌리를 땅 속에 박고 영양분을 흡수하기 위

해서 노력하고 있습니다.

그들을 주께서 책임지시므로 생존의 문제를

이 땅에서 해결하고 있습니다.

인간과 같은 의식이 전혀 없는 식물에 존재

의 이유가 있다면, 우리에게도 존재의 이유가

있을 것입니다.

들의 백합화를 돌보시고 공중에 나는 새들

을 돌보시는 하나님이 살아계시다면 그 하나

님이 내 삶을 책임지시고, 내 삶을 인도하시고,

내 삶의 문제를 해결하시고, 내 삶의 목적을

부여하시고, 의미를 부여하시고, 목표를 향해

서 가도록 섭리하고 계십니다. 그 사실을 신뢰

해야 합니다.

한 성경학자는 본문에서 이러한 재미있는 관찰을 했습니다.

주님은 "공중의 나는 독수리를 보라."고 말씀하시지 않았습니다.

만일 주께서 그렇게 말씀하셨다면 우리는 "독수리는 거대한 힘을 가지고 있으니 생존하는 것이 얼마든지 가능하지."라는 생각을 할 수 있습니다.

모든 것들을 자기의 먹이로 삼을 수 있는 능력있는 독수리는 생존의 문제를 얼마든지 해결할 수 있습니다.

그런데 흥미로운 것은 주께서 하늘을 나는 독수리를 보라고 말씀하신 것이 아니라 공중에 나는 새를 보라고 말씀하셨다는 데에 있습니다.

이 새는 아주 작은 새를 뜻하고 있습니다.

참새 한 마리도 하나님의 허락 없이는 떨어질 수가 없습니다.

참새를 돌보시는 하나님, 만물 가운데 가장 시시한 미물에까지 관심을 가지고 그 생존의 의미를 부여하시고, 그 생존을 지키시는 하나

님이 살아계시다면 하나님의 형상대로 지음을

받아 예수님을 믿어 새 생명이 마음 속에 꿈틀

거리고 영생의 소망을 갖고 살고 있는 나와 당

신의 삶을 하나님이 책임지신다는 것은 너무

도 당연합니다.

한 풍자적인 기독교 작가는 어린이를 위한

이런 인상깊은 이야기를 썼습니다.

「참새와 물새의 대화」

어느 날 물새가 참새에게 이런 이야기를 했습니다.

"참새야, 저 아래 지구 위에서 허덕거리며 걸어다니고 있는 인간들의 모습을 봐. 아우성대며 허우적거리면서 살고 있는 인간들의 꼴을 보란 말이야."

그 옆에 있던 참새가 이야기합니다.

"물새야, 아마 재들은 우리를 돌보시는 하나님 아버지가 없는 모양이지!"

당신은 하나님의 주권을 신뢰하십니까?

여기 예수님의 이 선언을 다시 한번 들어 보시기 바랍니다.

"공중의 새를 보라 심지도 않고 거두지도 않고 창고에 모아 들이지도 아니하되 너희 하늘 아버지께서 기르시나니 너희는 이것들보다 귀하지 아니하냐"

참새보다, 들에 핀 한 포기의 풀보다 당신의 존재는 더 소중합니다.

하나님의 주권과 은혜를 신뢰하십시오.

이것이 염려를 이기는 첫 번째 처방입니다.

2)삶에서 우선순위를 확립하라

염려를 이기기를 원하십니까?

극복하기를 원하십니까?

그렇다면 당신의 삶에서 우선순위를 확립하

십시오.

인생에 대한 삶의 우선순위를 확립하십시오.

"너희는 먼저 그의 나라와 그의 의를 구하라
그리하면 이 모든 것을 너희에게 더하시리라"
(33절)

이 말씀은 우리의 삶에서 그리스도인의 가치

관에 입각해서 가장 소중하게 여겨야 할 문제

를 가장 소중하게 여기라는 이야기입니다.

하나님의 관점을 통해서 본 우선순위를 우리

의 삶에 확립해야 합니다.

염려의 본래의 뜻은 "마음이 나누어짐"입

니다.

즉 생각이 나누어졌다는 이야기입니다.

염려하는 사람들은 생각이 너무 많습니다.

부산한 생각들, 이 생각 저 생각, 꼬리를 물고 다가오는 수많은 생각들의 번민 속에서 잠을 못 이루고 있는 안타까운 우리 이웃들의 모습들을 보십시오.

아니 그것은 당신의 모습일지도 모릅니다.

왜 이렇게 많은 생각을 합니까?

가장 중요한 생각이 빠졌기 때문에 그렇습니다.

행복한 사람은 어떤 사람입니까?

행복한 사람은 몰두하는 사람입니다.

어떤 일에 몰두하는 사람은 염려할 시간조차 없습니다.

염려는 오히려 낭비이고 사치에 속합니다.

가장 중요한 가치관, 그것을 위해서 내 청춘을 불사르고, 그것을 위해서 내 자신을 내어 줄 수 있는 사람은 행복한 사람입니다.

그러나 아무것에나 몰두한다고 행복한 것은 아닙니다.

몰두하는 것도 몰두하는 일에 대한, 그 대상에 대한 윤리성과 생산성을 따져 보아야 합니다.

그냥 섰다 앉았다를 반복하는 것은 윤리성이 없습니다. 생산성이 없습니다.

섰다 앉았다 하는 일에 몰두를 해서 무엇을 피할 수가 있다면 그것은 도피에 불과합니다.

그래서 그 일에 만족한다면 그것은 동물의 포만감과 무엇이 다르겠습니까?

동물은 고민하지 않습니다.

그래서 동물처럼 불필요한 일에 몰두하고 거기에서 모든 것을 잊으려는 사람들에게 한 철학자는 이런 이야기를 합니다.

"나는 만족한 돼지보다는 고민하는 소크라테스를 선택하겠다."

당신은 어떻습니까?

몰두할 수 있을 때에 몰두할 수 있는 것에 대한 가치관을 정립해야 합니다.

만약 나를 창조하신 하나님이 내게 맡겨 주신 가장 소중한 과제가 무엇인지 발견하고, 그 과제 앞에 몰두해서 살고 있다면 염려할 시간조차 없습니다.

다른 것은 다 시시해집니다. 그래서 시시한 일들을 초월하기 시작합니다.

긴급한 것과 중요한 일의 차이를 알아야 합니다.

그 일이 긴급한 일이라고 해도 반드시 중요한 일은 아닙니다.

우리는 바쁜 일 때문에 중요한 일을 망각하며 살아갑니다.

가장 소중한 목적, 이 고상한 목표, 내 자신에 대한 위대한 과제가 하나님으로부터 주어졌는데 그 과제를 망각하고 허우적거립니다.

놀라운 열정, 삶에 대한 위대한 목표에 생각을 집중하고 있는 사람들에게 염려는 초월할 수 있습니다.

그 모든 일은 시시해보일 따름입니다.

허우적거리고 안타까워하며 바쁘게 분주하

게 소리치고 있는 이웃들을 바라볼 때 우리는

그들을 향해 이렇게 말할 수밖에 없습니다.

"저 사람들 왜 저래. 뭐 그게 문제라고."

염려 속에 허둥거리는 이웃들을 바라보면서

우리는 말합니다.

"저 사람 왜 저래, 그 시시한 일 가지고."

여기에 그리스도인의 여유가 있습니다.

여기에 그리스도인의 배짱이 있습니다.

여기에 그리스도인의 평안이 있습니다.

여기에 그리스도인의 삶의 기쁨, 환희, 놀라

운 삶의 감격이 있습니다.

그들의 염려는 차라리 사치에 속합니다.

당신은 당신의 삶에 있어서 우선 순위를 확립하셨습니까?

3) 오늘로 족함에 대해 만족하라

주님께서 염려를 해결하는 처방을 주십니다.

그것은 오늘을 사는 것입니다.

그러면 염려는 극복됩니다.

한 심리학자가 오늘날 사람들이 무엇을 염려

하는가에 관해 조사를 했습니다.

그 결과 오늘 염려해야 할 가치가 있는 것들

을 가지고 염려하는 경우는 불과 10%도 안 된

다는 통계가 나왔습니다.

우리의 삶에서 어제와 내일, 두 날만 걱정하

지 않으면 됩니다.

어제는 과거입니다.

지나간 과거, 지울 수 없는 과거, 어쩔 수 없

는 과거, 그 과거에 매여서 상처와 아픔과 악몽

을 가지고 계속 오늘을 살고, 오늘을 신음하면서, 오늘을 학대하고, 오늘을 버리는 사람들이 얼마나 많이 있습니까?

이것은 과거에서 탈출하지 못한 비극입니다.

또한 내일도 어떻게 할 수가 없습니다.

내일은 아직 오지 않았기 때문입니다.

우리는 자주 어제와 내일을 오늘의 현장에 갖다 놓고 염려의 닻줄에 매여 오늘을 버리는 불행한 삶을 살아가고 있습니다.

옛날 오래된 학교에서 종을 치는 종치기 한 사람이 있었다고 합니다.

그는 종을 치다가 노이로제에 걸렸습니다.

사람들이 그를 보고 "당신은 왜 그렇게 행복하지 못합니까?"라고 물었습니다.

그 종치는 사람이 말합니다.

"저는 이 종을 삼만육천 번을 쳐야 합니다.

매일 이 학교에서 열 번씩은 종을 칩니다.

일주일이면 칠십 번, 한달이면 삼백 번, 일년
이면 삼천육백 번, 내가 이 일을 끝내기까지는
앞으로 10년이 더 남았습니다.”

한 사람이 보다못해서 이런 지혜로운 충고를
했다고 합니다.

“형제여! 하루에 열 번씩만 종을 치시고 한번
에 한 번씩만 종을 치시면 되지 않습니까?”

하루를 하루답게 살아가는 지혜를 배우는 것

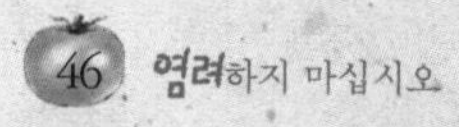

은 매우 중요합니다.

이 처방은 실제적인 충고입니다.

"그러므로 내일 일을 위하여 염려하지 말라 내
일 일은 내일 염려할 것이요. 한 날의 괴로움은
그 날에 족하니라"

하나님이 우리에게 잊을 수 있는 능력을 왜

주셨다고 생각하십니까?

그것은 불행한 과거로부터의 탈출을 위해서

입니다.

과거는 어쩔 수 없는 것입니다.

과거는 과거일 뿐입니다.

우리가 미래를 향할 수 있도록 앞을 향한 시선을 주신 이유가 무엇입니까?

앞날의 불행이 아니라 빛나는 꿈과 희망을 가지고 앞을 바라볼 수 있는 위대한 꿈을 우리에게 주시기 위해서입니다.

현재에 몰두하십시오.

오늘 내가 무엇을 할 수 있는지 하나님께 물어 보십시오.

 염려하지 마십시오

염려처럼 비생산적인 것이 없습니다.

그래서 성경의 기자는 우리에게 이렇게 충고합니다.

"아무것도 염려하지 말고 오직 모든 일에 기도와 간구로…"(빌4:6)

기도는 비생산적인 염려 대신에 우리의 삶을 바꾸는 위대한 창조입니다.

기도할 때 우리는 사람의 초점을 하나님께 맞추기 시작합니다.

내가 무엇을 위해서 살아야 할 것인지 삶의

우선순위를 확정하기 시작합니다.

내가 정말 해야 할 위대한 일, 가치있는 삶의 목표를 발견한 그 순간, 그 목표 앞에서 "하나님, 내가 오늘을 어떻게 살까요?"라고 묻게 됩니다.

그리고 그 일에 몰두하는 행복이 있습니다.

바꿀 수 없는 과거에 대해서 더 이상 분망하지 마십시오.

하나님은 당신을 용서하였습니다.

하나님은 당신의 과거를 찢어서 깊은 강 속에 던지셨습니다.

이제 일어서십시오.

그리고 내일을 향해서 위대한 꿈과 호흡을 가지고 하나님 앞에서 오늘 내가 무엇을 해야 할 것인가를 물어 보십시오.

저는 그래서 위대한 기독교 윤리학자인 라인홀드 니버의 기도를 사랑합니다.

"오! 하나님, 제가 변화시킬 수 없는 것들을 받아들일 수 있는 평온함을 제게 주소서.

그리고 변화시킬 수 있는 것들을 직면하여 그것을 바꿀 수 있는 용기를 제게 주소서.

그러나 이 두 가지의 차이를 헤아려 알 수 있
는 지혜도 제게 주소서."

한 신학자가 초대교인들의 삶이 기록된 서류
들을 뒤지다가 그들의 문서 속에서 이러한 이
름을 가진 사람들의 수가 굉장히 많다는 사실
에 놀랐습니다.

"티테이오스 쟌, 티테이오스 폴, 티테이오스
바나바…"

「티테이오스」라는 뜻을 알아 보았더니 "염려하지 않는 사람"이라고 합니다.

"티테이오스 폴(염려하지 않는 사람 폴), 티테이오스 피터(염려하지 않는 사람 피터)."

그들은 그들의 그리스도인다운 삶의 간증을 말할 때 염려하지 않는다는 것이 기독교적 삶의 보화라는 사실을 발견했던 것입니다.

성경에 나타난 제자들 가운데서 베드로처럼 제일 염려가 많았던 제자는 없습니다.

그는 모든 것을 걱정합니다.

"우리 선생님이 돌아가시면 어떡하나?"

"세금을 안 내면 어떻게 되나?"

"로마의 군대들에게 잡히면 어떻게 하나?"

"파도에 빠지면 어떻게 하나?"

자지의 평생을 걸고 하나님을 신뢰하는 이 삶을 통해서 염려를 해결하는 위대한 교훈을 배웠던 베드로의 마지막 메시지는 베드로전서 마지막 장에서 우리에게 이렇게 선언합니다.

"너희 염려를 다 주께 맡기라 이는 그가 너희를 돌보심이라"(벧전5:7)

나를 권고하시고 나를 돌보시는 하나님, 참새보다 더 귀한 삶의 의미를 내게 주시고 나를 지켜보시는 그 하나님, 들에 핀 한 포기의 백합화보다 더 엄청난 삶의 감격과 더 엄청난 삶의 의미를 내게 주시고 나를 지켜보시는 하나님, 그 하나님이 나를 사랑하십니다.

그 하나님이 나를 지키십니다.

이 하나님의 사랑과 계획을 신뢰하고, 하나님 안에서 삶의 우선순위를 확정하고, 오늘 내가 해야 할 값어치 있는 일에 내 삶의 모든 것을 쏟아 넣고, 거기에 열중하며 느끼는 이 삶의 기쁨, 이 환희, 이 감격, 여기에 염려를 넘어선 삶의 행복이 있습니다.

이 사람들을 가리켜 우리는 그리스도인이라고 부릅니다.

염려하지 마십시오!